Jakob Mohn

Speeddating im Geschichtsunterricht 5–7

Lehrplanthemen wiederholen – fachliches Kommunizieren aktiv und spielerisch fördern

Quellenverzeichnis

S. 15 Karte Afrika © Oliver Hauptstock/Fotolia
Umriss Europa © WoGi – stock.adobe.com
S. 23 Hieroglyphen © artform/Shutterstock.com
S. 28 Wand Hieroglyphen © matrioshka/Shutterstock.com
S. 35f. Griechische Götter © osadiemus/Fotolia
S. 38 Antike Sportler © Malysh Falko/Shutterstock.com
S. 43 Fußbodenheizung © Steve Allen/Shutterstock.com
Colosseum © emperorcosar/Shutterstock.com
Straße Pompeji © Goskova Tatiana/Shutterstock.com
S. 43/48 Pont du Gard © LianeM/Shutterstock.com
S. 47 Kolosseum © eyetronic/Fotolia
Kaiserpalast © globetrotter1 – stock.adobe.com
Forum Romanum © Samuele Gallini Fotografo/Fotolia
S. 68f. Kennzeichen © WoGi – stock.adobe.com
S. 70 Deutschlandkarte © nrudic979/Shutterstock.com
S. 71f. „Zunftwappen" [https://commons.wikimedia.org/wiki/File:Zunftwappen.svg] von chris 論, lizenziert unter CC BY 3.0 [https://creativecommons.org/licenses/by/3.0)]

Gedruckt auf umweltbewusst gefertigtem, chlorfrei gebleichtem und alterungsbeständigem Papier.

1. Auflage 2019

Covergestaltung: annette forsch konzeption und design, Berlin
Illustrationen: Steffen Jähde, Stefanie Groß, Hendrik Kranenberg, Bettina Weller
Satz: Satzpunkt Ursula Ewert GmbH, Bayreuth
Druck und Bindung: Korrekt Nyomdaipari Kft., Budapest
ISBN 978-3-403-**08233**-0
www.auer-verlag.de

Inhaltsverzeichnis

Vorwort

Ziel des Heftes ist es, eine neue Arbeitsform einzuführen. Dabei werden methodische wie didaktische Prinzipien berücksichtigt, die in besonderem Maße der Leistungsheterogenität sowie bewährten Prinzipien Rechnung tragen. Somit können leistungsstarke Schüler[1], Inklusionsschüler sowie Kinder nichtdeutscher Herkunftssprache mitmachen. Auch soll die Methode einen hohen Motivationsanreiz besitzen.

Methodisch geht es beim Speeddating darum, den „richtigen Partner" zu finden. Hierzu werden Kärtchen angeboten, vier Kärtchen gehören dabei als „Quartett" zusammen. Nachdem die Kärtchen an die Schüler verteilt wurden, müssen sich die entsprechenden Paare nach dem Signal der Lehrkraft finden. Dabei werden in besonderem Maße das fachliche Kommunizieren bzw. der fachliche Austausch angeregt. Wie beim Partner-Dating kann es sein, dass man sich zunächst mit mehreren „Partnern" austauschen muss, bis man den richtigen gefunden hat.

Die Schüler müssen begründen, warum sie zusammengehören bzw. nicht. Es werden also Redeanlässe geschaffen. Sind die „Partner" der Meinung, dass sie „zusammengehören", kann dies durch eine entsprechende Lösungsvorgabe in Form der originalen Kopiervorlage eigenständig kontrolliert werden. Eine Methode, die damit auch den Unterricht im Hinblick auf Bewegung fördert.

Im Unterricht selbst kann diese Methode gleichermaßen zur Einführung in eine neue Thematik (als Screening vorhandener Fertigkeiten) als auch zur Vertiefung oder zum Abschluss eines Themas eingesetzt werden. Fachliche Inhalte werden somit gefestigt und vertieft. Auch der Einsatz als Vokabeltrainer wäre möglich.

Das Heft beinhaltet lehrplanrelevante Unterthemen, die Oberthemen zugeordnet sind. Jedes Unterthema besteht aus zwei Seiten mit Kärtchen und einem Arbeitsblatt zur Ergebnissicherung. Dadurch sollen die Schüler noch mal den Prozess ihrer Gruppenfindung reflektieren. Durch die vorhandene Auswahl kann die Lehrkraft je nach Klassenzusammensetzung schnell und effizient entsprechende Niveaustufen passgenau auswählen.

Die beiden Seiten mit Kärtchen bestehen aus insgesamt 10 Quartetten. Jedes Quartett ist folgendermaßen gegliedert:

- Karte 1: Begriff
- Karte 2: Visualisierung
- Karte 3: Erklärung 1
- Karte 4: Erklärung 2

[1] Aufgrund der besseren Lesbarkeit ist in diesem Buch mit Schüler auch immer Schülerin gemeint, ebenso verhält es sich mit Lehrer und Lehrerin etc.

Quellen und Überreste

Begriff	Visualisierung	Erklärung 1	Erklärung 2
Fotografien		Bildquelle	Früher waren sie schwarz-weiß und man musste lange stillstehen, damit das Ergebnis nicht verwackelt wurde.
Tagebuch		Schriftquelle	Menschen schreiben täglich ihre Erlebnisse und Gedanken darin auf.
Münzen		Überrest	Sie waren oft mit dem Abbild des aktuellen Herrschers versehen.
Kleidung		Überrest	Anhand der Farben und Qualität konnte man die Zugehörigkeit zu einer gesellschaftlichen Schicht erkennen.
Schallplatten		Tonquelle	Sie waren die Vorläufer von CD und MP3.

Quellen und Überreste

Begriff	Visualisierung	Erklärung 1	Erklärung 2
Tageszeitung		Schriftquelle / Bildquelle	Neben Berichten erfährt man auch etwas über Werbung und Ereignisse der jeweiligen Zeit.
Super-8-Film		Bild- und Tonquelle	Die kurzen Sequenzen zeigen meist private Aufnahmen. Man benötigt dafür einen speziellen Projektor.
Briefe		Schriftquelle	Man erfährt sehr Persönliches, aber auch etwas über politische und gesellschaftliche Ereignisse.
Fachwerkhaus		Überrest	Sie stehen heute noch in vielen Altstädten in Deutschland.
Tongefäß		Überrest / Bildquelle	Ein altes Aufbewahrungsgefäß, in dem unterschiedliche Stoffe kühl und trocken aufbewahrt werden konnten.

Quellen und Überreste

1 Übertrage deine Kärtchen in die Felder.

2 Was ist dir bei der Partnersuche leicht gefallen? Was war schwer?

____

____

3 a) Bei geschichtlichen Quellen unterscheidet man zwischen Überresten, Schriftquellen sowie Bild- und Tonquellen. Ordne deine Quelle der entsprechenden Art zu.

b) Fallen dir weitere Gegenstände oder Quellen ein? Trage sie ein.

Überreste	Bild- und Tonquellen	Schriftquellen

4 Welche alten Gegenstände hast du noch Zuhause?
Was verraten sie dir über die Vergangenheit?

____

____

____

____

Archäologen bei der Arbeit

Begriff	Visualisierung	Erklärung 1	Erklärung 2
Luftbildauswertung		Wir brauchen: • Flugzeug • Satellit • Kamera • Lupe	Aus der Luft kann man die Umrisse alter Bauwerke im Boden erkennen.
Recherche		Wir brauchen: • Bücher • Zeitungen • Archive • Zeitzeugen	Durch das Lesen von alten Aufzeichnungen oder das Befragen von Zeitzeugen erfährt man viel über die Vergangenheit.
Ausgrabung		Wir brauchen: • Bagger • Schippe • Eimer • Spitzkelle • Pinsel	Die Funde werden Stück für Stück freigelegt. Dabei kommt immer feineres Werkzeug zum Einsatz.
Sicherung		Wir brauchen: • Kamera • Messband • Millimeterpapier	Die Funde und ihr Fundort werden genau vermessen, dokumentiert und gezeichnet oder fotografiert.
Reinigung		Wir brauchen: • Pinsel • Reiniger • Skalpell • Zahnarztbesteck	Die Funde werden vorsichtig gesäubert und von Dreck und Ablagerungen befreit.

Archäologen bei der Arbeit

Begriff	Visualisierung	Erklärung 1	Erklärung 2
Untersuchung		Wir brauchen: • Lupe / Mikroskop • Maßband • C14-Methode	Die Funde werden genau untersucht. Mit der C14-Methode kann man sogar im Labor das Alter bestimmen.
Restauration	KLEBER	Wir brauchen: • Pinzette • Klebstoff	Zerstörte oder verschmutzte Funde können vorsichtig wieder zusammengefügt werden, um sie weiter untersuchen oder ausstellen zu können.
Rekonstruktion		Wir brauchen: • Zeichnungen • Material • Werkzeuge	Manche der alten Gegenstände oder Waffen werden originalgetreu nachgebaut, um ihre Funktion zu testen.
Archivierung		Wir brauchen: • Verpackungsmaterial • Kisten • Archiv	Viele Funde werden sicher verpackt und aufbewahrt, um sie für die Nachwelt zu erhalten.
Ausstellung		Wir brauchen: • Museum • Vitrine	Besonders interessante Funde werden ausgestellt und der Öffentlichkeit gezeigt.

Archäologen bei der Arbeit

1 Übertrage deine Kärtchen in die Felder.

2 Was ist dir bei der Partnersuche leicht gefallen? Was war schwer?

____

____

3 Ordne die folgenden Aufgaben eines Archäologen in der richtigen Reihenfolge.

Funde restaurieren / rekonstruieren – Fundstelle lokalisieren –
Funde und Fundort vermessen – Funde dokumentieren – Funde untersuchen –
Boden vorsichtig abtragen – Funde ausstellen – Funde freilegen – Funde reinigen

1. ____________________ 5. ____________________

2. ____________________ 6. ____________________

3. ____________________ 7. ____________________

4. ____________________ 8. ____________________

9. ____________________

4 Welche Fähigkeiten und Eigenschaften muss man als guter Archäologe haben?

____

____

Ereignisse der Geschichte

Begriff	Visualisierung	Erklärung 1	Erklärung 2
Aufrechter Gang		Ca. 1,7 Mio. v. Chr.	In Afrika lernt der Homo erectus aufrecht zu gehen.
Höhlenmalerei		Ca. 20 000 v. Chr.	Im heutigen Lascaux (Frankreich) malen Menschen Tierbilder an die Wand einer Höhle.
Steinkreise		Ca. 3 000 v. Chr.	In Süd-England werden Kreise aus großen Steinen errichtet.
Pyramiden		Ca. 2 600 v. Chr.	Im ägyptischen Gizeh lässt Pharao Cheops die nach ihm benannte Grabstätte bauen.
Gründung Roms		753 v. Chr.	Der Legende nach gründen die von einer Wölfin aufgezogenen Zwillinge Romulus und Remus die Stadt am Tiber.

Ereignisse der Geschichte

Begriff	Visualisierung	Erklärung 1	Erklärung 2
Erste Demokratie		Ca. 500 v. Chr.	Sie entsteht zum ersten Mal im griechischen Athen.
Kaiser Konstantin		312 n. Chr.	Nach dem Sieg an der Milvischen Brücke verhilft er dem Christentum zum Durchbruch und macht es zur Staatsreligion.
Karl der Große		768 n. Chr.	Er wird König der Franken und später römischer Kaiser.
Kreuzzüge		1096 bis 1270 n. Chr.	Sieben Mal versuchen die Europäer, Jerusalem von den Muslimen zurückzuerobern.
Entdeckung Amerikas		1492 n. Chr.	Christoph Kolumbus glaubt, in Indien zu sein, aber er entdeckt diesen Kontinent nicht als Erster.

Ereignisse der Geschichte

1 Übertrage deine Kärtchen in die Felder.

2 Was ist dir bei der Partnersuche leicht gefallen? Was war schwer?

____

____

3 Trage die Jahreszahlen auf dem Zeitstrahl ein:
500 n. Chr. / 2 Mio v. Chr. / 1500 n. Chr. / 1000 n. Chr. / 0 / 500 v. Chr.

4 Warum wissen wir weniger über Ereignisse, je weiter sie in der Vergangenheit liegen?

____

____

____

____

5 Recherchiere zu einem der Ereignisse und beschreibe es in eigenen Worten.

____

____

____

Die Entwicklung des Menschen

Begriff	Visualisierung	Erklärung 1	Erklärung 2
Vormensch (*Australopithecus*)		Lebte vor 4,2 bis 2 Mio. Jahren in Ost- und Südafrika.	Er war ein Allesfresser und ist die älteste menschenähnliche Art.
Aufrechter Mensch (*Homo erectus*)		Lebte vor 1,8 bis 1,3 Mio. Jahren.	Er lebte bereits am Boden und nutzte einfache Werkzeuge (z. B. Faustkeil). Er machte Feuer nutzbar.
Neandertaler (*Homo neanderthalensis*)		Lebte vor 130 000 bis 30 000 Jahren in Europa und Vorderasien.	Er war ein sehr guter Jäger. Sein auffälligstes Merkmal ist die ausgeprägte Stirnpartie.
Frühmensch (*Homo sapiens*)		Lebte vor 300 000 Jahren in Afrika, Asien und Europa.	Er wurde vom Sammler langsam zum Jäger und fertigte verschiedene Werkzeuge an.
Jetztmensch (*Homo sapiens sapiens*)		Lebt seit ca. 40 000 Jahren auf der ganzen Welt.	Er entwickelte eine komplexe Sprache und stellte Kleidung her.

Die Entwicklung des Menschen

Begriff	Visualisierung	Erklärung 1	Erklärung 2
Altsteinzeit		Vor ca. 2,6 Mio. Jahren: Ursprung des Menschen	Die ersten Menschen leben in Afrika.
Besiedlung Europas		Vor ca. 45 000 Jahren: Lange Reise	Die Besiedlung Europas beginnt.
Ackerbau		Vor ca. 13 000 Jahren: Getreide	Der Mensch bildet erstmals feste Siedlungen und baut dort Getreide an.
Viehzucht		Vor ca. 10 500 Jahren: Schweine	Die ersten Schweine werden domestiziert (gezüchtet).
Eisenzeit	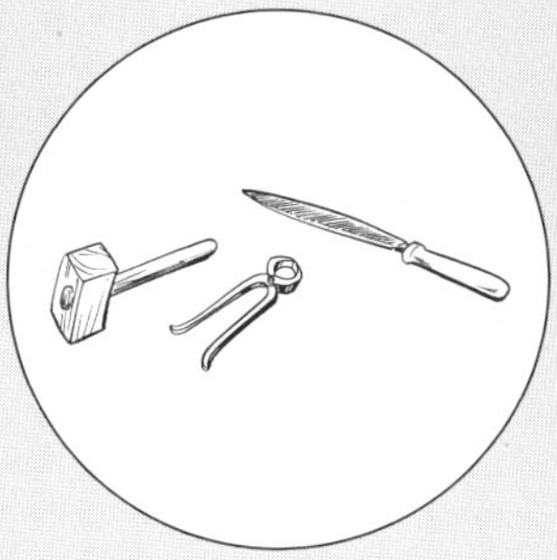	Vor ca. 3 500 Jahren: Eisen	Der Mensch stellt komplexere Werkzeuge aus Eisen her.

Die Entwicklung des Menschen

1 Übertrage deine Kärtchen in die Felder.

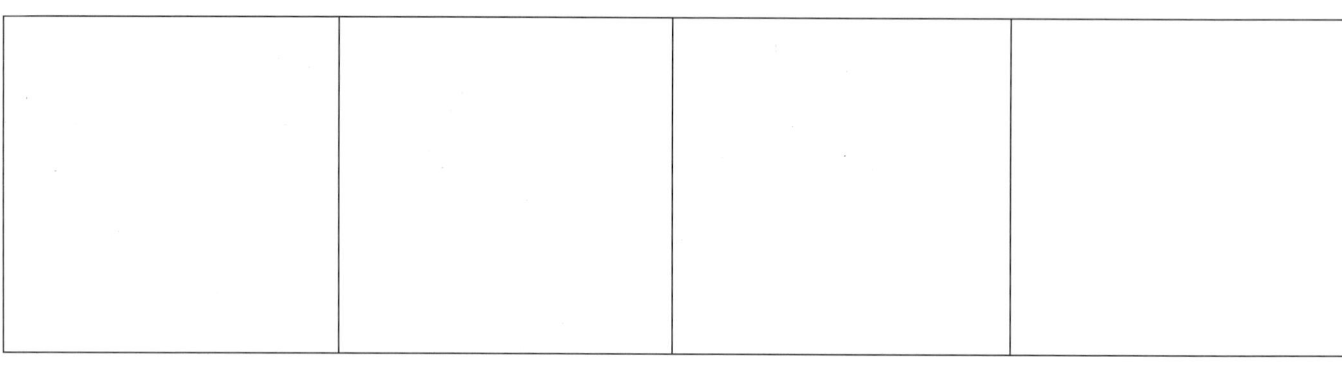

2 Was ist dir bei der Partnersuche leicht gefallen? Was war schwer?

____

____

3 Erkläre, welche Erfindungen und Fertigkeiten für die Entwicklung des Menschen von großer Bedeutung waren.

____

____

4 a) Beschreibe anhand der Karte, wie sich der Mensch über die ganze Welt verbreitete. (Die Zahlen stehen für Jahre vor heute.)

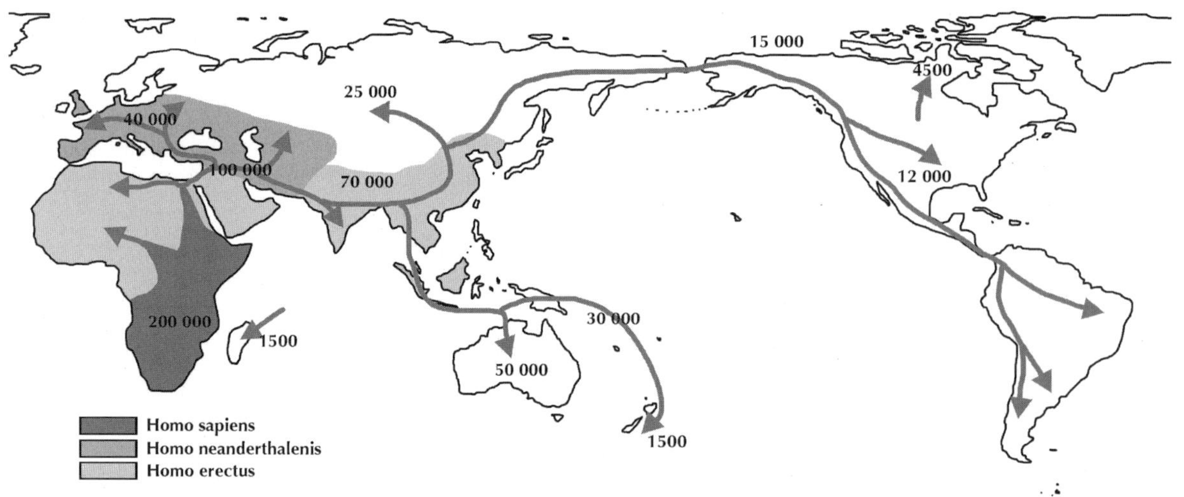

b) Überlege, warum der Mensch so weite Strecken zurückgelegt hat.

____

____

Werkzeuge und Waffen

Begriff	Visualisierung	Erklärung 1	Erklärung 2
Faustkeil		Ein zweiseitig bearbeiteter Stein mit abgerundetem Kopf	Er konnte für verschiedene Arbeiten verwendet werden, z. B. zum Hacken, Schlagen oder Schneiden.
Bohrer		Ein beidseitig angespitzter Knochen oder Stein	Er wurde zum Bohren von Löchern oder Einkerbungen verwendet.
Harpune		Ein spitzes Stück Holz oder Knochen mit Widerhaken	Sie wurde zum Jagen von Kleintieren oder Fischen verwendet. Dank der Widerhaken blieb sie in der Beute stecken.
Nähnadel		Ein dünner, angespitzter Knochen oder ein Stück Holz mit einem Loch	Mithilfe dieses Werkzeuges konnte Kleidung hergestellt oder Wunden verschlossen werden.
Schaber		Ein flacher Stein mit einer scharfen Kante	Mit diesem Werkzeug konnte Holz bearbeitet oder Fell und Leder von Fleischresten befreit werden.

Werkzeuge und Waffen

Begriff	Visualisierung	Erklärung 1	Erklärung 2
Speer		Ein langer Stock mit einer Spitze aus Stein oder Knochen	Dank dieser Waffe konnten auch größere Tiere gejagt werden, ohne dass der Jäger Gefahr lief, selbst verletzt zu werden.
Messer		Ein Griff aus Holz mit einer Klinge aus Knochen oder Stein	Es war sowohl Waffe als auch Werkzeug: Man konnte mit diesem Objekt Fleisch schneiden oder kämpfen und jagen.
Axt		Ein Holzgriff verbunden mit einem bearbeiteten Stein	Mit diesem Werkzeug konnte man die Beute zerhacken, aber auch Unterkünfte bauen und kleine Bäume fällen.
Bogen		Auf einen stabilen Ast wurde eine Tiersehne gespannt, um damit Holzpfeile mit Steinspitzen zu verschießen.	Diese Waffe ermöglichte das Jagen auf größere Distanz.
Feuerstein		Ein spezieller Stein, der Funken entstehen lässt, wenn man zwei von ihnen aneinanderschlägt.	Mit zwei davon und ein paar trockenen Ästen konnte man Feuer machen.

Werkzeuge und Waffen

1 Übertrage deine Kärtchen in die Felder.

2 Was ist dir bei der Partnersuche leicht gefallen? Was war schwer?

3 Erkläre, aus welchen Materialien die meisten Werkzeuge der Menschen in der Steinzeit bestanden.

4 Warum war das Jagen für die Menschen in der Steinzeit so gefährlich?

5 Nenne Werkzeuge, die wir heute noch in ähnlicher Form nutzen.

Tiere der Steinzeit

Begriff	Visualisierung	Erklärung 1	Erklärung 2
Mammut		Sie konnten über 3 Meter groß und bis zu 6 Tonnen schwer werden.	Eins fraß pro Tag mehr als 300 kg Gräser und Zweige.
Wollnashorn		Im Gegensatz zu seinen nackten Nachfahren hatte es dichtes, braunes Fell.	Das Horn des 2 m großen Tieres konnte bis zu 90 cm lang sein.
Höhlenbär		Der Allesfresser verbrachte seine Winterruhe in Höhlen.	Er war mit über 1,7 m größer als heutige Braun- oder Eisbären.
Wildpferd		Mit einer Schulterhöhe von ca. 120 cm war es eher ein Pony als ein Pferd.	Manche Exemplare hatten Streifen an den Beinen; ähnlich heutiger Zebras.
Riesenhirsch		Der „Riese“ ernährte sich vor allem von Gräsern, Rinden, Moosen und Buschlaub.	Das Geweih konnte einen Durchmesser von bis zu 3,7 m erreichen.

Tiere der Steinzeit

Begriff	Visualisierung	Erklärung 1	Erklärung 2
Säbelzahnkatze		Sie konnte den Kiefer um 90 Grad öffnen, um ihre Beute zu packen.	Auffälligstes Merkmal sind die langen Reißzähne.
Wolf		Der Vorfahre unserer Haushunde streift auch heute noch durch die Wälder Ost- und Mitteleuropas.	Er wurde nach und nach vom Menschen domestiziert (gezüchtet) und zur Jagd eingesetzt.
Auerochse		Das auch als Ur bekannte Tier stammte ursprünglich aus Asien.	1627 wurde dieser Verwandte des modernen Ochsen vollständig ausgerottet.
Rentier		Die einzige Hirschart, bei der auch die Weibchen ein Geweih tragen.	Dank seines isolierenden Felles ist es vor allem in den kalten Regionen Nordeuropas verbreitet.
Löwe		Er war bis vor 10 000 Jahren auch in Europa verbreitet und war größer als seine afrikanischen Verwandten.	Im Gegensatz zu seinen heutigen Vertretern hatte er noch keine Mähne.

Tiere der Steinzeit

1 Übertrage deine Kärtchen in die Felder.

2 Was ist dir bei der Partnersuche leicht gefallen? Was war schwer?

____

____

3 Die Menschen der Steinzeit nutzten die gejagten Tiere nicht nur als Nahrungsquelle. Zähle auf, wofür Knochen, Fell und Sehnen noch verwendet wurden.

____

____

____

4 Die Jagd großer Tiere wie dem Mammut war sehr gefährlich. Mit welcher Taktik hätten die Steinzeitmenschen vorgehen können?

____

____

____

5 Überlege, warum einige Tiere im Laufe der Zeit ausstarben, während andere überlebten.

____

____

____

Der Pharao

Begriff	Visualisierung	Erklärung 1	Erklärung 2
Doppelkrone		Kombination aus weißer und roter Krone der frühen Pharaonen	Sie war oft mit Federn, Hörnern, Flügeln oder einer Schlange verziert.
Zepter (Herrscherstab)		Krummstab oder Hirtenstab als Symbol der Macht	Geißel oder „Fliegenwedel“ zum Vertreiben böser Geister
Bart		Künstlich geflochtener Bart am Kinn, der mit einer Schnur hinter dem Kopf gehalten wurde.	Er wurde manchmal sogar von weiblichen Herrschern getragen.
Nemes (Stofftuch)		Rechteckiger Stoffstreifen, der anstatt der Krone getragen werden konnte.	Es wurde oft in wertvollen Farben wie Blau und Gold gefärbt.
Perücke		Eine Locke auf der rechten Seite galt als Symbol von Jugend.	Sie verdeckte den sonst meist kahlrasierten Kopf.

Der Pharao

Begriff	Visualisierung	Erklärung 1	Erklärung 2
Schminke		Auch Männer trugen es. Dabei wurden vor allem die Augen betont.	Sie half auch dabei, vor Augenkrankheiten und der hellen Sonne zu schützen.
Pyramide		Bereits bei Geburt des Pharaos wurde oft schon mit ihrem Bau begonnen.	Sie zeigte nicht nur die Verbindung zu den Göttern, sondern schreckte auch potenzielle Grabräuber ab.
Sänfte (Trage)		Auf Reisen musste ein Pharao selten zu Fuß gehen. Er wurde von Dienern getragen.	Zeichnungen zeigen, dass bis zu 24 Diener nötig waren, um die schweren Tragen zu heben.
Herrscherfamilie		Pharaonen hatten oft mehrere Frauen und Geliebte sowie zahlreiche Kinder.	Gerüchte besagen, dass Pharao Ramses II. über 100 Kinder hatte.
Sarkophag		Reich verziert und mit dem Abbild des toten Pharaos bemalt, diente er zusätzlich dem Schutz der Mumie vor Grabräubern.	Der Pharao Tutanchamun wurde gleich in vier bestattet. Einer davon war aus Gold.

Der Pharao

1 Übertrage deine Kärtchen in die Felder.

2 Was ist dir bei der Partnersuche leicht gefallen? Was war schwer?

____

____

3 Zeichne die Merkmale eines Pharaos an die vorgegebene Figur und benenne die verschiedenen Herrschaftssymbole.

4 Erkläre, warum oft schon bei Geburt eines zukünftigen Pharaos mit der Planung seiner Grabstätte (z. B. Pyramide) begonnen wurde.

____

____

____

5 Recherchiere und erkläre, warum viele Königsgräber im alten Ägypten durch zahlreiche Türen und verwinkelte Gänge gesichert oder ganz versteckt wurden.

____

____

____

____

____

Der ägyptische Glaube

Begriff	Visualisierung	Erklärung 1	Erklärung 2
Amun(-Re)		Ursprünglich der Gott des Windes; später auch Staats- und Sonnengott.	Mann mit hoher Federkrone
Anubis		Gott des Todes	Mann mit dem Kopf eines Schakals
Aton		Gott der Sonne; später alleiniger Gott unter Pharao Echnaton.	Er wurde als Sonnenscheibe mit Strahlen dargestellt.
Bastet		Göttin der Freude und des Mondes	Frau mit dem Kopf einer Katze
Bes		Schutzgeist des Hauses, der Kinder und Familien	Er wurde als kleinwüchsige Gestalt dargestellt.

Der ägyptische Glaube

Begriff	Visualisierung	Erklärung 1	Erklärung 2
Chepre		Gott der Schöpfung und Wiedergeburt	Er wurde als Skarabäus (Käfer) oder als Mann mit dem Kopf eines Skarabäus dargestellt.
Horus		Gott des Himmels; Pharaonen wurden mit ihm gleichgesetzt.	Mann mit dem Kopf eines Falken
Isis		Mutter- und Schutzgöttin	Frau mit Sonnenscheibe und Hörnern
Osiris		Gott der Fruchtbarkeit, der Toten und des ewigen Lebens	Er wurde in Gestalt einer Mumie dargestellt; oft mit Krummstab und Federkrone.
Seth		Gott des Bösen, der Stürme und der Vernichtung	Er wurde als Mann mit dem Kopf eines Fabeltieres (z. B. Esel oder Hund) dargestellt.

Der ägyptische Glaube

1 Übertrage deine Kärtchen in die Felder.

2 Was ist dir bei der Partnersuche leicht gefallen? Was war schwer?

3 Auf dieser Wandmalerei eines antiken Tempels sind verschiedene Götter abgebildet. Versuche sie zu erkennen und zuzuordnen.

4 Überlege, warum die Ägypter so viele ihrer Götter mit tierischen Merkmalen darstellten, und nenne Beispiele.

Hieroglyphen

Begriff	Visualisierung	Erklärung 1	Erklärung 2
Geier		A (wie der Schnabel eines Vogels)	Mit seinen ausgebreiteten Flügeln galt er als Schutzsymbol.
Bein / Fuß		B (wie Bein)	Die Ägypter liefen viel barfuß oder in leichten Sandalen.
Korb		C oder K (wie Korb)	Sie waren meist aus Weidenästen geflochten.
Hand		D (wie eine Handfläche)	Sie wurden oft in betender Haltung nach oben dargestellt; selten mit der Handfläche.
Blühendes Schilf		1 Mal: I 2 Mal: J oder Y	Es wuchs an den Ufern des Nils und diente zum Beispiel zur Herstellung von Papyrus.

Hieroglyphen

Begriff	Visualisierung	Erklärung 1	Erklärung 2
Schlange		F (wie die Form einer Schlange)	Sie waren in Ägypten heilig. Viele Pharaonen trugen ihren Kopf auf ihrer Krone.
Löwe		L (wie Löwe)	Sie stellten nicht nur Könige dar, sondern bewachten sie auch.
Wasser		N (wie Nil)	Er war die Lebensader Ägyptens. Er war Transportweg und lieferte Nahrung und Wasser.
Eule		M (wie das Gesicht einer Eule)	Sie war das einzige Tier, das aufgrund seiner Fähigkeiten mit einem nach vorn gedrehten Kopf dargestellt wurde.
Wachtelküken		U, V oder W (wie Wachtel)	Sie waren in Afrika verbreitet und ein beliebtes Gericht der Pharaonen.

Hieroglyphen

1 Übertrage deine Kärtchen in die Felder.

2 Was ist dir bei der Partnersuche leicht gefallen? Was war schwer?

3 Übersetze den folgenden Text:

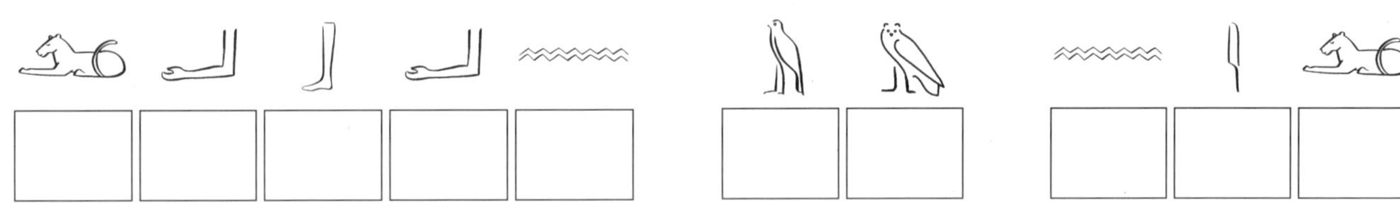

a =	b =	ch =	d =	dsch =
e =	f =	g =	h =	i =
j =	k =	l =	m =	n =
o =	p =	q =	r =	s =
sch =	t =	ts, tsch =	u, v, w =	x =
y =	z =	1 =	10 =	100 =

4 a) Schreibe deinen Namen in Hieroglyphen.

b) Schreibe einen Satz in Hieroglyphen und lass ihn von deinem Sitznachbarn übersetzen.

Die griechischen Poleis

Begriff	Visualisierung	Erklärung 1	Erklärung 2
Polis		Es gab Vollbürger, Metöken und Sklaven in der Gemeinde.	Der griechische Begriff wird meist mit „Stadtstaat“ übersetzt.
Athen	Athen	Größte aller Poleis und heutige Hauptstadt von Griechenland.	Diese Polis gilt als Geburtsort der Demokratie.
Delphi	Delphi	Δελφοί Δ = D λ = L φ = F / PH	Sie gilt als Heimat des berühmten Orakels.
Korinth	Korinth	Κόρινθος ρ = R ν = N θ = TH	Sie liegt am gleichnamigen Kanal auf dem Peleponnes.
Rhodos	Rhodos	Ρόδος Ρ = R δ = D	Einst soll ein Koloss die Schiffe am Hafen begrüßt haben.

Die griechischen Poleis

Begriff	Visualisierung	Erklärung 1	Erklärung 2
Sparta		Σπάρτα Σ = S π = P ρ = R	Diese Polis war berühmt für ihre furchtlosen Krieger.
Ithaka		Ιθάκη θ = TH	Heimat des berühmten Odysseus
Kreta		Κρήτη ρ = R η = E	Heimat von König Minos und seinem mythischen Minotaurus
Milet		Μίλητος λ = L η = E	Heutige Stadt in der Türkei
Ephesos		Ἔφεσος φ = F / PH σ = S	Der Tempel der Artemis ist eines der sieben Weltwunder.

Die griechischen Poleis

1 Übertrage deine Kärtchen in die Felder.

2 Was ist dir bei der Partnersuche leicht gefallen? Was war schwer?

---

3 Markiere die griechischen Poleis auf der Karte farbig.

4 Bewerte den folgenden Satz des Philosophen Platon zum Siedlungsraum der Griechen: „Wir sitzen um unser Meer wie die Frösche um einen Teich."

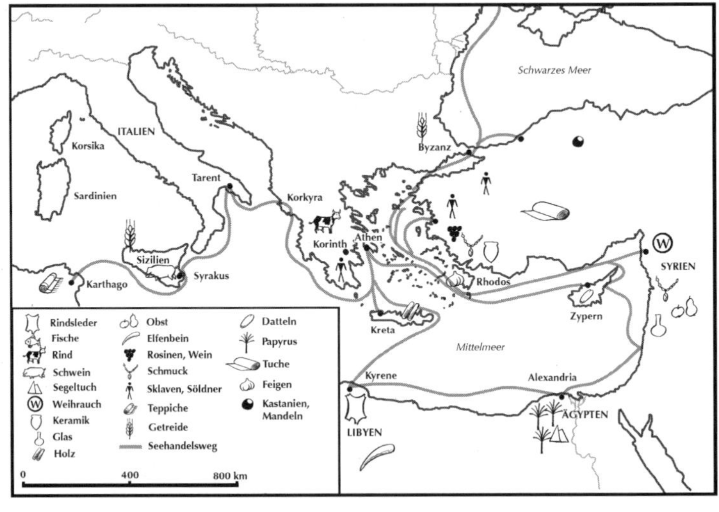

---

5 Die Polis Athen gilt als erste Demokratie der Welt. Erkläre in eigenen Worten, wie eine Demokratie („Herrschaft des Volkes") funktioniert.

Die Götter auf dem Olymp

Begriff	Visualisierung	Erklärung 1	Erklärung 2
Zeus		Göttervater und Gott des Himmels, des Lichtes und der Blitze (röm. Jupiter)	Dieser Gott trägt ein Bündel aus Blitzen.
Hera		Göttin der Ehe, Geburt und Fürsorge (röm. Juno)	Sie ist Zeus' Gattin.
Poseidon		Gott des Meeres (röm. Neptun)	Dieser Gott trägt einen Dreizack.
Aphrodite		Göttin der Schönheit und der Liebe (röm. Venus)	Diese Göttin ist meist leicht bekleidet und wird von einer Taube begleitet.
Athene		Göttin der Weisheit und des Kampfes (röm. Minerva)	Diese Göttin ist kämpferisch und trägt stets einen Helm und ein Speer oder Schild.

Die Götter auf dem Olymp

Begriff	Visualisierung	Erklärung 1	Erklärung 2
Hephaistos		Gott des Feuers und der Schmiedekunst (röm. Vulcanus)	Dieser Gott trägt als Handwerker einen Schmiedehammer oder ein Beil.
Demeter		Göttin der Fruchtbarkeit, der Erde und des Ackerbaus (röm. Ceres)	Diese Göttin trägt meistens einen goldenen Ährenkranz und Blumen oder Früchte.
Ares		Gott des Krieges (röm. Mars)	Dieser Gott ist für den Krieg gerüstet und trägt Helm, Speer und Schild. Oft wird er von einem Geier begleitet.
Hermes		Götterbote und Gott der Diebe und des Handels (röm. Merkur)	Dieser Gott kann mithilfe seiner Schuhe und seiner Kappe fliegen. Er trägt stets seinen Stab mit sich.
Dionysos		Gott des Weines (röm. Bacchus)	Einem guten Tropfen Wein nicht abgeneigt, trägt dieser Gott stets eine Amphore und eine Keule mit sich.

Die Götter auf dem Olymp

1 Übertrage deine Kärtchen in die Felder.

2 Was ist dir bei der Partnersuche leicht gefallen? Was war schwer?

____

____

3 Erkläre, warum man im alten Griechenland immer zu mehreren Göttern gebetet hat.

____

____

____

____

____

____

4 Die Römer haben viele der griechischen Götter übernommen, ihnen jedoch andere Namen gegeben. Ordne sie zu und verbinde die richtigen Begriffe miteinander.

Zeus	Hera	Ares	Aphrodite	Poseidon
Mars	Jupiter	Juno	Neptun	Venus

Die Olympischen Spiele

Begriff	Visualisierung	Erklärung 1	Erklärung 2
Olympische Spiele		Diese Veranstaltung fand alle vier Jahre statt.	Während der Spiele herrschte Frieden zwischen den Teilnehmern.
Olympia (griech. Ὀλυμπία)		Heiligtum auf der griechischen Halbinsel Peleponnes	Austragungsort der Olympischen Spiele der Antike
Stadion		Wettkampfstätte für sportliche Wettkämpfe	Ursprünglich ein griechisches Längenmaß von 600 Fuß (ca. 180 m) entsprach etwa einer Laufrunde.
Siegerkranz		Er wurde dem Sieger eines Wettkampfs überreicht.	Er war meist aus den Zweigen eines Ölbaumes gefertigt.
Sportler		Sie waren während der Wettkämpfe nackt.	Sie erhielten durch einen Sieg Privilegien wie Steuerbefreiung, Geldgeschenke oder Ehrenrechte.

Die Olympischen Spiele

Begriff	Visualisierung	Erklärung 1	Erklärung 2
Stadionlauf (griech. *stadion*)		Die Strecke im antiken Stadion von Olympia betrug 192,28 m.	Die älteste Disziplin der Olympischen Spiele
Wagenrennen (griech. *synoris*)		Dieser Wettkampf wurde im Hippodrom durchgeführt.	Es gab Wettkämpfe mit Zwei- oder Vierspännern.
Faustkampf/Ringen (griech. *pygme*)		Bis auf Beißen und in die Augenbohren war alles erlaubt.	Gekämpft wurde solange, bis der Gegner aufgab, ohnmächtig wurde oder starb.
Speerwurf (griech. *akontion*)		Neben Weitsprung, Laufen, Diskuswurf und Ringen war es Teil des antiken Fünfkampfes.	Das Sportgerät wurde sonst zum Jagen verwendet.
Weitsprung (griech. *halma*)		Neben Laufen, Diskuswurf, Speerwurf und Ringen war es Teil des antiken Fünfkampfes.	Mit sogenannten Sprunggewichten konnte man Schwung holen und sich so verbessern.

Die Olympischen Spiele

1 Übertrage deine Kärtchen in die Felder.

2 Was ist dir bei der Partnersuche leicht gefallen? Was war schwer?

___

___

3 Wie unterscheiden sich die Olympischen Spiele der Antike von unseren modernen Spielen heute? Nenne einige Beispiele.

___

___

___

4 Welche der antiken Sportarten sind auch heute noch Teil der Olympischen Spiele und welche kamen neu dazu? Sammle sie in der Tabelle.

Antike	Moderne

Erfindungen der Römer

Begriff	Visualisierung	Erklärung 1	Erklärung 2
Julianischer Kalender		Eingeführt und benannt nach Julius Cäsar im Jahr 45 v. Chr.	Er diente mit seinem 24-Stunden-Tag und der 7-Tage-Woche als Vorlage für unseren Kalender heute.
Beton		Einfache Mischung aus Sand, Kies, Wasser und Zement.	Er ermöglichte es den Römern, Gebäude zu errichten, die bis heute Bestand haben.
Wasserleitungen		Große Aquädukte brachten Wasser über weite Strecken in die Städte und überspannten sogar Täler.	In den Häusern gab es ein System, das Abwasser nach draußen spülte und so Krankheiten verhinderte.
Stadion (Amphitheater)		Statt Fußball waren damals Gladiatorenkämpfe und Wagenrennen die beliebtesten Sportarten.	Das Kolosseum ist mit etwa 50 000 Sitzplätzen das größte seiner Art der antiken Welt.
Gepflasterte Straßen		Die ersten zogen sich über mehrere tausend Kilometer durch ganz Europa.	Sie wurden möglichst gerade gebaut und mit großen Steinplatten belegt.

Erfindungen der Römer

Begriff	Visualisierung	Erklärung 1	Erklärung 2
Mehrfamilienhäuser		In sogenannten „insulae“ wohnten oft mehrere Familien.	Da der Platz in Rom knapp wurde, bauten die Architekten in die Höhe.
Verkehrszeichen		Um die Orientierung zu behalten, zeigten Meilensteine in regelmäßigen Abständen Richtung und Entfernung an.	Die römische Meile war mit knapp 1,5 Kilometern etwas kürzer als die englische heutzutage.
Fast Food		In großen Städten war es üblich, sein Essen in Mitnehm-Restaurants zu holen.	Bei Ausgrabungen im antiken Pompeji wurden nur wenige private Küchen gefunden.
Fußbodenheizung		Die in einer Feuerstelle erwärmte Luft wurde durch Rohre unter dem Boden durchgeleitet und erwärmte diesen.	Mit dem „hypocaustum“ konnten vor allem Thermen und Bäder konstant warmgehalten werden.
Thermen (Wellness)		Fast jede größere Stadt hatte eine solche Stätte mit warmen Becken und einer Sauna.	Statt Seife und Shampoo nutzten die Römer Olivenöl für die Körperpflege.

Erfindungen der Römer

1 Übertrage deine Kärtchen in die Felder.

2 Was ist dir bei der Partnersuche leicht gefallen? Was war schwer?

____

____

3 Beschreibe anhand von Beispielen, wie gut die Römer technisch bereits entwickelt waren.

____

____

____

4 Ordne den Bildern die jeweilige römische Erfindung zu.

Amphitheater	Gepflasterte Straßen	Fußboden-heizung	Aquädukt

5 Erkläre, welche der römischen Erfindungen wir bis heute in ähnlicher Form nutzen.

____

____

____

In der Legion

Begriff	Visualisierung	Erklärung 1	Erklärung 2
Helm (lat. *Cassis*)		Schützende Kopfbedeckung aus Bronze oder Eisen	Er konnte mit einem bunten Haar- oder Federbusch verziert sein.
Brustpanzer (lat. *Lorica Segmentata*)		Schützende Rumpfbedeckung aus Eisen	Diese Panzerung konnte bis zu 15 Kilogramm wiegen.
Schild (lat. *Scutum*)		Wichtigster Schutz eines Legionärs	Großer, meist rechteckiger Holzgegenstand mit Eisenbuckel
Wurfspeer (lat. *Pilum*)		Typische Fernwaffe der Legionäre	Er verbog beim Eindringen im gegnerischen Schild und machte dieses somit unbrauchbar.
Kurzschwert (lat. *Gladius*)		Typische Waffe für den Nahkampf	Es hatte eine Klingenlänge von etwa 50 cm.

In der Legion

Begriff	Visualisierung	Erklärung 1	Erklärung 2
Sandalen (lat. *Caliga*)		Einfache Fußbekleidung der Legionäre	Die Marschstiefel waren nur durch Lederriemen und Eisennägel gehaltene Fußsohlen.
Werkzeug und Holzpfähle (lat. *Pila Muralia*)		Spaten, Sichel und angespitzte Holzpfosten	Ausrüstung zum Aufbau, zur Befestigung und zum Schutz eines Lagers
Marschgepäck (lat. *Sarcina*)		Benötigt zum Transport von Proviant und Werkzeug.	Es war eher ein Bündel mit gekreuzten Holzträgern und einer Wolldecke.
Kochgeschirr (lat. *Situla*)		Hauptbestandteil war ein Wasserkessel.	Geeignet für das Zubereiten von kleinen Mahlzeiten.
Feldflasche (lat. *Ampulla*)		Sie war aus Metall oder Leder und wurde am Gürtel getragen.	Zum Trinken war sie mit Wasser oder Wein gefüllt.

In der Legion

1 Übertrage deine Kärtchen in die Felder.

2 Was ist dir bei der Partnersuche leicht gefallen? Was war schwer?

____

____

3 Die Ausrüstung eines Legionärs wog etwa 40 Kilogramm und musste bis zu 30 Kilometer pro Tag getragen werden. Beschreibe aus der Sicht eines Legionärs, wie ein typischer Tag ablief.

____

____

____

____

4 Legionäre griffen den Feind nie alleine an, sondern bildeten mit ihren Schilden geschlossene Formationen (auch „Schildkröte" genannt). Erkläre, welchen Vorteil diese Taktik hatte.

____

____

____

____

____

Durch das antike Rom

Begriff	Visualisierung	Erklärung 1	Erklärung 2
Kolosseum		Es war mit über 50 000 Sitzplätzen das größte Amphitheater der antiken Welt.	Hier kämpften Gladiatoren um ihr Leben und die Gunst des Publikums.
Kaiserpalast		Er wurde immer wieder nach den Wünschen des jeweiligen Herrschers umgebaut.	Hier residierten unter anderem Augustus und Nero.
Palatinhügel		Auf diesem Hügel wurde der Sage nach Rom gegründet.	Auf diesem Hügel befand sich der Kaiserpalast.
Circus Maximus		In diesem Hippodrom fanden Pferderennen und Reiterspiele statt.	Mit einer Länge von fast 600 Metern war es das größte Bauwerk der Stadt.
Forum Romanum		Forum bedeutet „freier Platz“.	Um den Platz im Mittelpunkt der Stadt waren zahlreiche wichtige Gebäude versammelt.

Durch das antike Rom

Begriff	Visualisierung	Erklärung 1	Erklärung 2
Triumphbogen		Er wurde gebaut, um Feldherren zu ehren, die im Krieg gesiegt hatten.	Zur Feier seines Triumphs erbaute Kaiser Konstantin den größten seiner Art mit ca. 25 m Höhe.
Kapitolhügel		Dieser war der wichtigste der sieben Hügel, auf denen Rom erbaut wurde.	Auf diesem Hügel stand der Tempel des Gottes Jupiter.
Marcellustheater		Hier konnten bis zu 15 000 Bürger Theateraufführungen erleben.	Es entstand nach dem Vorbild griechischer Theater.
Aquädukt		Rom wurde über eine Strecke von 150 km mit Wasser aus den Bergen versorgt.	Jeder Römer verbrauchte etwa 500 Liter Wasser pro Tag.
Tiber		Mehrere Steinbrücken verbanden die beiden Ufer jenseits des Flusses.	Er fließt durch Rom und endet bei Ostia im Mittelmeer.

Durch das antike Rom

1 Übertrage deine Kärtchen in die Felder.

2 Was ist dir bei der Partnersuche leicht gefallen? Was war schwer?

3 Stell dir vor, du läufst durch das antike Rom im Jahr 300 n. Chr. Beschreibe in einem Bericht, was du alles siehst und was dich besonders beeindruckt.

4 Vergleiche das antike Rom mit heutigen Großstädten wie Berlin oder New York. Nenne Gemeinsamkeiten und Unterschiede.

Gemeinsamkeiten	Unterschiede

Die Sprache der Römer

Begriff	Visualisierung	Erklärung 1	Erklärung 2
Legion		lat. *legio*	Die Legionäre marschierten immer gemeinsam und bildeten im Kampf eine geschlossene Formation.
Straße		lat. *strata*	Sie durchzogen fast ganz Europa und führten angeblich alle nach Rom.
Straßenpflaster		lat. *emplastrum*	Um auch bei schlechtem Wetter schnell voranzukommen, befestigten die Römer ihre Straßen mit einem Belag aus Steinen.
Pforte/Tor		lat. *porta*	Die Römer benannten diese Ausgänge oft nach den von ihnen ausgehenden Fernstraßen.
Meile		lat. *mille passus*	Die römische Meile umfasste etwa 5 000 Fuß (lat. pes) und entspricht heutzutage ca. 1,48 km.

Die Sprache der Römer

Begriff	Visualisierung	Erklärung 1	Erklärung 2
Wein		lat. *vinum*	Die Römer verdünnten dieses Getränk meist mit Wasser oder mischten Kräuter und Honig bei.
(Hand-)Karren		lat. *carrus*	Im antiken Pompeji wurden Spurrillen im Straßenbelag gefunden.
Fenster		lat. *fenestra*	Die ersten wurden ab dem 1. Jahrhundert vor allem in den Villen und Bädern reicher Römer verbaut.
Insel		lat. *insula*	Die Römer waren große Seefahrer und erkundeten das gesamte Mittelmeer.
Camping/Zelt		lat. *campus*	Jeder Legionär musste seine eigene Unterkunft mitführen und jede Nacht erneut aufbauen.

Die Sprache der Römer

1 Übertrage deine Kärtchen in die Felder.

2 Was ist dir bei der Partnersuche leicht gefallen? Was war schwer?

____

____

3 Finde für die folgenden lateinischen Begriffe die deutsche Übersetzung.

Arma	→	____________	Hospitale	→	____________
Caesar	→	____________	Luxuria	→	____________
Cista	→	____________	Moneta	→	____________
Corbis	→	____________	Numerus	→	____________
Caseus	→	____________	Pilula	→	____________

4 Erkläre, warum sich viele lateinische Begriffe im Deutschen erhalten haben.

____

____

5 Erläutere die Bedeutung des folgenden römischen Zitats.

Non scholae, sed vitae discimus.
(„Nicht für die Schule, sondern für das Leben lernen wir.")

____

____

____

Römer und Barbaren

Begriff	Visualisierung	Erklärung 1	Erklärung 2
Römer		Sie errichteten von Italien aus ein Weltreich.	Sie bauten Straßen durch ganz Europa sowie den Limes in Germanien.
Germanen		Sie lebten in den Waldgebieten Mitteleuropas; vor allem im Gebiet des heutigen Deutschland.	Gegen sie errichteten die Römer den Limes.
Hunnen		Sie waren ein gefürchtetes Reitervolk.	Sie kamen aus der Steppe Innerasiens bis nach Europa; sogar bis Rom.
Vandalen		Sie lebten im Gebiet des heutigen Polen und waren gute Seefahrer.	Sie gelangten auf ihren Raubzügen über das Meer bis nach Spanien.
Goten	WEST OST	Sie kamen ursprünglich aus Skandinavien und waren auf der Flucht vor den Hunnen.	Sie teilten sich in Ost- und Westgoten auf.

Römer und Barbaren

Begriff	Visualisierung	Erklärung 1	Erklärung 2
Gallier		Dies war ein keltischer Stamm, der vor allem im heutigen Frankreich siedelte.	Gaius Iulius Caesar berichtete über seinen erfolgreichen Feldzug im Buch „Commentarii de bello Gallico“.
Angeln/Sachsen		Sie siedelten im heutigen England.	Aus ihren Reichen entstand später der englische Staat.
Kelten		Sie waren von Spanien bis Irland in ganz Europa verteilt.	Sie bestatteten ihre toten Fürsten in Hügelgräbern.
Alemannen		Dies war ein germanischer Stamm, der direkt im Grenzgebiet des Limes siedelte.	Sie plünderten regelmäßig römische Siedlungen am Limes.
Franken		Sie siedelten ursprünglich im Gebiet des unteren Rheins.	Sie errichteten unter Karl dem Großen ab dem 8. Jahrhundert ein eigenes Großreich.

Römer und Barbaren

1 Übertrage deine Kärtchen in die Felder.

2 Was ist dir bei der Partnersuche leicht gefallen? Was war schwer?

____

____

3 Erkläre, wo die von den Römern als Barbaren bezeichneten Völker lebten.

____

____

4 Im Römischen Reich galten alle Personen, die nicht nach römischen oder griechischen Bräuchen lebten als Barbaren. Erkläre, warum sich die Römer so stark abgrenzen wollten.

____

____

____

5 Erläutere, wie sich die Römer vor den Angriffen der Barbaren schützten.

____

____

____

____

____

Leben im Mittelalter

Begriff	Visualisierung	Erklärung 1	Erklärung 2
Bauern		Sie waren das Rückgrat der mittelalterlichen Gesellschaft, jedoch meist unfrei.	Sie sicherten durch ihre harte Arbeit die Versorgung der Bevölkerung mit Essen.
Kaiser		Er war der alleinige Herrscher eines großen Reiches.	Er reiste mit seinem großen Gefolge durch das ganze Reich, um seine Regierungsgeschäfte zu erledigen.
Kaiserpfalzen		Sie waren als „kleine Hauptstädte“ über das ganze Land verteilt.	Hier wurden Hof- und Reichstage abgehalten sowie das Gefolge des Kaisers versorgt.
Kloster		„Ora et labora“ (bete und arbeite) war ein Leitspruch vieler Bewohner.	Kultureller Mittelpunkt des Mittelalters. Hier wurde Wissen bewahrt und verbreitet.
Knappe		Er wurde nach zwei Mal sieben Jahren zum Ritter geschlagen.	Er begleitete seinen Ritter auf Turniere und im Krieg. Er kümmerte sich vor allem um dessen Ausrüstung.

Leben im Mittelalter

Begriff	Visualisierung	Erklärung 1	Erklärung 2
Burg		Sie wurde meist auf einem Berg oder einer Insel errichtet.	Sie bot in Zeiten von Krieg und Belagerung auch der Bevölkerung Schutz.
Ritter		Sie halfen dem König dabei, das Land zu beherrschen und Kriege zu führen.	In Friedenszeiten kämpften sie in großen Turnieren gegeneinander.
Markt		Dieser Ort war der Mittelpunkt einer mittelalterlichen Stadt.	Hier konnte man neben Essen und Kleidung auch Produkte aus fernen Ländern erwerben.
Zünfte		Zusammenschluss von Meistern eines Handwerks (z. B. Metzger oder Schmiede).	Sie regelten neben Preisen und Qualitätsansprüchen auch die Ausbildung der Gesellen.
Pest		Diese Krankheit breitete sich im 14. Jahrhundert in ganz Europa aus.	Diese Krankheit tötete fast ein Drittel der europäischen Bevölkerung.

Leben im Mittelalter

1 Übertrage deine Kärtchen in die Felder.

2 Was ist dir bei der Partnersuche leicht gefallen? Was war schwer?

____

____

3 Erkläre, wie die Menschen im Mittelalter lebten.

____

____

____

4 Welche Gefahren gab es in Europa im Mittelalter für die Bevölkerung?

____

____

____

____

5 Welche Spuren des Mittelalters findest du heute noch in deiner näheren Umgebung? Beschreibe.

____

____

____

Gesellschaft im Mittelalter

Begriff	Visualisierung	Erklärung 1	Erklärung 2
Ständegesellschaft		Dreiteilige, gottgewollte Gesellschafts-ordnung des Mittelalters.	Jeder Mensch gehörte von Geburt einem Stand an und konnte nur in Ausnahmefällen aufsteigen.
König		Aufgabe: Regieren	Er stand über allen Ständen und regierte allein.
Klerus		Erster Stand Aufgabe: Beten	Bischöfe, Äbte, Priester und Mönche gehörten zu diesem Stand.
Adel		Zweiter Stand Aufgabe: Schützen	Grafen, Fürsten und Ritter gehörten zu diesem Stand.
Bauern		Dritter Stand Aufgabe: Arbeiten	Bauern, Handwerker und Tagelöhner gehörten zu diesem Stand.

Gesellschaft im Mittelalter

Begriff	Visualisierung	Erklärung 1	Erklärung 2
Grundherrschaft (Lehnswesen)		Das Land gehörte im Mittelalter meist weltlichen oder geistlichen Grundbesitzern.	Verteilung von Grundbesitz (Lehen) und Abgaben (Zehnten) im Mittelalter.
Grundherr		Grundbesitzer großer Ländereien	Er verlieh Land an Bauern und beschützte diese.
Bauern (Fronhöfe)		Sie bekamen Land von ihren Grundherren und mussten dafür Abgaben und Frondienste leisten.	Sie waren unfrei und abhängig von ihrem Grundherren.
Frondienste		Arbeiten der abhängigen Bauern für ihren Grundherren	Kriegsdienste der abhängigen Bauern für ihren Grundherren
Zehnten		Abgabe von Ernteerzeugnissen oder Vieh an den Grundherren	Gemeint sind 10 % von allem Besitz.

Gesellschaft im Mittelalter

1 Übertrage deine Kärtchen in die Felder.

2 Was ist dir bei der Partnersuche leicht gefallen? Was war schwer?

3 Ordne folgende Begriffe den drei mittelalterlichen Ständen zu:

Adel – Bauern – Grafen – Fürsten – Erster Stand – Bischöfe – Zweiter Stand – Mönche – Dritter Stand – Bauern – Ritter – Klerus – König – Handwerker – Tagelöhner – Priester

4 Erkläre, warum es nur in Ausnahmefällen möglich war, im Stand aufzusteigen.

5 a) Beschreibe die Verteilung von Grundbesitz im Mittelalter.

b) Erkläre, was die Bauern im Gegenzug für ihr Lehen leisten mussten.

Das Jahr eines Bauern

Begriff	Visualisierung	Erklärung 1	Erklärung 2
Feld pflügen		Februar: Erdarbeiten	Der Bauer pflügt sein Feld.
Pflege der Pflanzen		März / Mai: Gartenarbeit	Der Bauer schneidet Hecken, Obstbäume und Weinreben zurecht.
Kräuter sammeln		April: Kräuterbeet	Der Bauer sammelt Frühjahrskräuter.
Heu machen		Juni: Mähen	Der Bauer macht Heu und erntet es.
Getreide ernten		Juli: Ernte	Der Bauer erntet das Getreide.

Das Jahr eines Bauern

Begriff	Visualisierung	Erklärung 1	Erklärung 2
Schlachten		August: Fleisch	Der Bauer schlachtet Tiere.
Mehl herstellen		September: Mahlen	Der Bauer drischt das Getreide.
Aussäen		Oktober: Saatgut in die Erde bringen.	Der Bauer sät das Getreide für das nächste Jahr.
Schweine hüten		November: Viehzucht	Der Bauer treibt die Schweine auf die frisch gesäten Felder.
Brot backen		Dezember / Januar: Essen	Der Bauer backt aus dem geernteten Getreide Brot und macht aus seiner Ernte ein Festmahl.

Das Jahr eines Bauern

1 Übertrage deine Kärtchen in die Felder.

2 Was ist dir bei der Partnersuche leicht gefallen? Was war schwer?

____

____

3 Beschreibe die typischen Aufgaben eines Bauern im Verlauf eines Jahres.

____

____

____

4 Ermittle, in welchen Monaten der Bauer besonders viel zu tun hatte und in welchen er die Ergebnisse seiner Arbeit genießen konnte.

____

____

____

5 Die Bauern des Mittelalters waren sogenannte Selbstversorger. Beschreibe, was mit diesem Begriff gemeint ist.

____

____

____

____

Auf der Burg

Begriff	Visualisierung	Erklärung 1	Erklärung 2
Bergfried		Vom höchsten Punkt der Burg konnten Angreifer schnell gesichtet werden.	Um Feinde abzuwehren, war der Eingang meist nur über eine Leiter erreichbar, die im Falle eines Angriffs hochgezogen wurde.
Burgmauer		Sie umgab die gesamte Burganlage und war das wichtigste Hindernis gegen Angreifer.	Über sogenannte „Pechnasen" ließ man heißen Teer oder anderes auf die Feinde herunterlaufen.
Herrenhaus (Palas)		Das größte Gebäude der Burg beherbergte oft die Küche sowie einen großen Speisesaal.	Hier wohnte und regierte der Burgherr mit seiner Familie.
Ziehbrunnen		Die wichtigste Quelle zum Überleben im Falle einer Belagerung.	Aus dem oft bis zu 100 m tiefen Schacht wurde das Wasser mit einem Seilzug und Holzeimer mit der Hand heraufgezogen.
Burgtor		Es war oft mit einer Zugbrücke oder einem Eisengatter als Hindernis für Eindringlinge ausgestattet.	Hier wurde entschieden, wer die Burg betreten durfte und wer nicht.

Auf der Burg

Begriff	Visualisierung	Erklärung 1	Erklärung 2
Zugbrücke		Sie wurde im Falle eines Angriffs hinaufgezogen und verriegelt.	Sie war meist aus Holz und ermöglichte das Überqueren des Burggrabens.
Kapelle		Ein meist kleiner Raum mit Holzbänken und einem Kreuz.	Hier beteten der Burgherr und seine Familie.
Burghof		Hier spielte sich das Alltagsleben der Burgbewohner ab.	Neben der Funktion als Lager und Trainingsplatz fanden hier auch Märkte statt.
Vorburg		Gleich hinter dem Haupttor befanden sich Ställe und die Wohnungen des Gesindes (Knechte und Mägde).	Sie diente bei Angriffen und Belagerungen als Zuflucht für die umliegende Bevölkerung.
Burggraben		Er umgab meist die gesamte Burganlage und war der erste Punkt der Verteidigung.	Er war nicht immer mit Wasser gefüllt, aber sollte Feinde daran hindern, die Burgmauer zu erreichen.

Auf der Burg

1 Übertrage deine Kärtchen in die Felder.

2 Was ist dir bei der Partnersuche leicht gefallen? Was war schwer?

____

____

3 Ordne die verschiedenen Teile einer mittelalterlichen Ritterburg der Zeichnung zu.

Bergfried
Burgmauer
Palas
Ziehbrunnen
Burgtor
Zugbrücke
Kapelle
Burghof
Vorburg
Burggraben

4 Erstürme die Burg! Entwickle einen Angriffsplan, um die Burg zu erobern und den Burgherren gefangenzunehmen. Welche Verteidigunganlagen musst du nacheinander überwinden?

____

____

____

____

Städteboom

Begriff	Visualisierung	Erklärung 1	Erklärung 2
Köln	D K	Bereits um 19 v. Chr. von den Römern als „Colonia Agrippina" gegründet.	Die Residenzstadt der Franken am Rhein war lange die größte Stadt nördlich der Alpen.
Frankfurt / Main	D F	Die Stadt am Main hatte vor der Bombardierung im Zweiten Weltkrieg die größte mittelalterliche Altstadt Deutschlands.	Sie entwickelte sich von der Krönungsstadt deutscher Kaiser zur modernen Bankenmetropole.
Aachen	D AC	Residenzstadt Karls des Großen und der Karolinger	Noch lange nach Karl dem Großen wurden hier Kaiser und Könige auf dessen Thron im Dom gekrönt.
Augsburg	D A	Wegen ihrer Lage an wichtigen Fernstraßen wurde die bayrische Stadt schnell zur bedeutenden Handelsstadt.	Ab 1276 „Freie Reichsstadt" und Ort zahlreicher Reichstage, z. B. 1555 mit dem Religionsfrieden abgeschlossen.
Hansestadt Lübeck	D HL	Die Stadt an der Ostsee wurde vor allem als Sitz der Hanse und als wichtige Handelsstadt bekannt.	Als „Haupt der Hanse" trägt sie diese bis heute im Namen.

Städteboom

Begriff	Visualisierung	Erklärung 1	Erklärung 2
Worms	WO	Der 1131 eingeweihte Dom ist neben Speyer und Mainz einer der drei rheinischen Kaiserdome.	Hier wurde Martin Luther im Jahr 1521 auf einem Reichstag für „vogelfrei“ erklärt.
Münster / Westfalen	MS	Im Jahr 793 wurde sie im heutigen Nordrhein-Westfalen im Auftrag von Karl dem Großen gegründet.	Im gotischen Rathaus wurde 1648 der Dreißigjährige Krieg beendet.
Trier	TR	Vor über 2 000 Jahren von den Römern als „Augusta Treverorum“ gegründet, soll sie die älteste Stadt Deutschlands sein.	Das ab 170 n. Chr. von den Römern erbaute Stadttor „Porta Nigra“ ist bis heute ein Touristenmagnet.
Paderborn	PB	Die Stadt an den „Paderquellen“ war eine wichtige Pfalz deutscher Kaiser und Könige.	Durch zahlreiche Großbrände wurde die Stadt im Mittelalter mehrfach vollständig zerstört.
Würzburg	WÜ	Bereits im Mittelalter waren die Alte Mainbrücke und Festung Marienberg beliebte Motive.	Die 1402 gegründete Julius-Maximilians-Universität ist eine der ältesten in Deutschland.

Städteboom

1 Übertrage deine Kärtchen in die Felder.

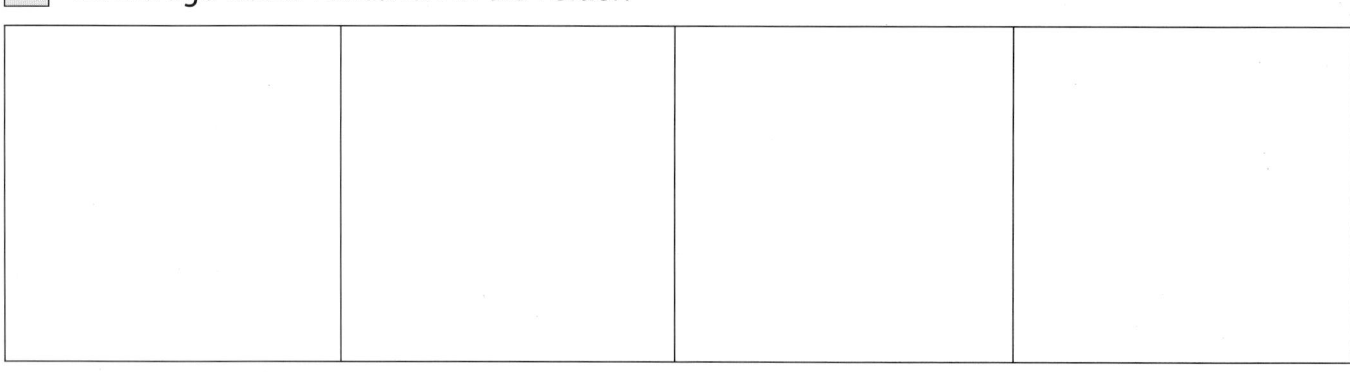

2 Was ist dir bei der Partnersuche leicht gefallen? Was war schwer?

____

____

3 Ordne diese mittelalterlichen Städte ihrer Lage auf der Karte zu.

Köln – Frankfurt/Main – Aachen – Augsburg – Lübeck – Trier

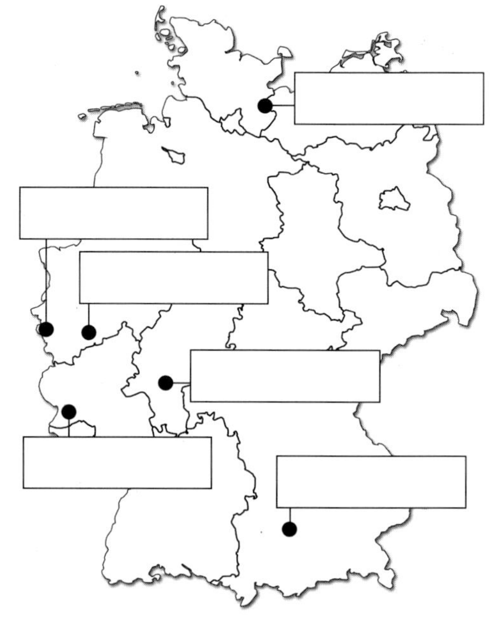

4 Im Mittelalter hatten die meisten „Großstädte“ kaum mehr als 20 000 Einwohner. Vergleiche diese Zahl mit der Einwohnerzahl heutiger Großstädte.

____

____

____

5 Köln war mit über 40 000 Einwohnern die größte mittelalterliche Stadt nördlich der Alpen und damit die erste Metropole Deutschlands. Überlege, wie Lage und Vorgeschichte diese Stellung begünstigten.

____

____

____

____

Zünftige Berufe

Begriff	Visualisierung	Erklärung 1	Erklärung 2
Schuster		Sie stellten Schuhe und Lederwaren her.	Um nicht in den Dreck der Straßen zu treten, montierten sie oft Holzabsätze unter ihre Produkte.
Müller		Sie verarbeiteten Getreide in großen Mühlen zu Mehl.	Der Beruf dieser Zunft ist heute noch der häufigste Nachname in Deutschland.
Schmied		Sie stellten Waffen und Werkzeuge her.	Neben der Herstellung von Waffen waren sie auch oftmals für das Ziehen von Zähnen verantwortlich.
Maurer		Sie brannten Ziegelsteine und errichteten Gebäude aus Stein.	Ihr Handwerk konnten sich nur wenige reiche Bürger leisten. Die meisten Häuser wurden daher mit Holz gebaut.
Fischer		Sie fuhren aufs Meer, um Fische zu fangen.	Sie lebten an Flüssen, Seen oder am Meer und mussten ihre Ware schnell verkaufen, bevor sie schlecht wurde.

Zünftige Berufe

Begriff	Visualisierung	Erklärung 1	Erklärung 2
Tuchmacher		Diese Zunft stellte Tücher und Kleidung her.	Die meisten Menschen trugen schlichte Kleidung. Bunte Farben waren den Reichen und dem Adel vorbehalten.
Zimmerer		Diese Zunft arbeitete mit Holz und baute neben Werkzeugen auch ganze Häuser.	In ihrem Beruf ging es hoch hinaus. Da es jedoch noch keinen Arbeitsschutz gab, stürzten viele und starben.
Metzger		Diese Zunft schlachtete Tiere und verkaufte die Produkte auf dem Markt.	Dieser Beruf ist nichts für sanfte Gemüter. Hier geht es blutig zu.
Kürschner (Pelzmacher)		Diese Zunft verarbeitete Tierfelle zu Kleidung und Pelzprodukten.	Da sie ihre Produkte mit Urin behandelten, wurden sie meist außerhalb der Stadt angesiedelt, um den Gestank fernzuhalten.
Maler		Diese Zunft verzierte Häuser und Innenräume mit Wappen und Bildern.	Sie arbeiteten oft in Kirchen und Schlössern. Nur hier konnte man sich ihre Werke leisten.

Zünftige Berufe

1 Übertrage deine Kärtchen in die Felder.

2 Was ist dir bei der Partnersuche leicht gefallen? Was war schwer?

____

____

3 Auch heute deuten noch viele Nachnamen auf den Beruf der Vorfahren hin (z. B. Weber). Nenne weitere Beispiele für Berufe als Nachnamen.

____

____

____

4 Früher gab es für alle Produkte eine spezielle Berufsgruppe (Zunft), die die Produkte auch selbst verkaufte oder überhaupt erst auf Bestellung herstellte. Überlege, wo du heute die Produkte der einzelnen Zünfte kaufen würdest.

____

____

____

5 Recherchiere in deiner Stadt, welche Straßennamen noch heute aus der Zeit der Züfte stammen (z. B. Schmiedegasse).

____

____

____

Lösungen

Einführung in die Geschichte

Quellen und Überreste

Aufgabe 3

Überreste	Bild- und Tonquellen	Schriftquellen
Münzen Kleidung Fachwerkhaus Tongefäß	Fotografien Schallplatten Tageszeitung Super-8-Film	Tagebuch Tageszeitung Briefe

Archäologen bei der Arbeit

Aufgabe 3

Fundstelle lokalisieren – Boden vorsichtig abtragen – Funde freilegen – Funde und Fundort vermessen – Funde dokumentieren – Funde reinigen – Funde untersuchen – Funde restaurieren/rekonstruieren – Funde ausstellen

Aufgabe 4

Gute Archäologen müssen besonders sorgfältig und vorsichtig arbeiten, um Funde nicht zu beschädigen. Außerdem brauchen sie einen ausgeprägten Forscherdrang, um neue Funde zu lokalisieren und auszugraben. Auch die Kenntnis alter Sprachen wie Latein und Griechisch kann je nach Forschungsgebiet von großem Vorteil sein.

Ereignisse der Geschichte

Aufgabe 3

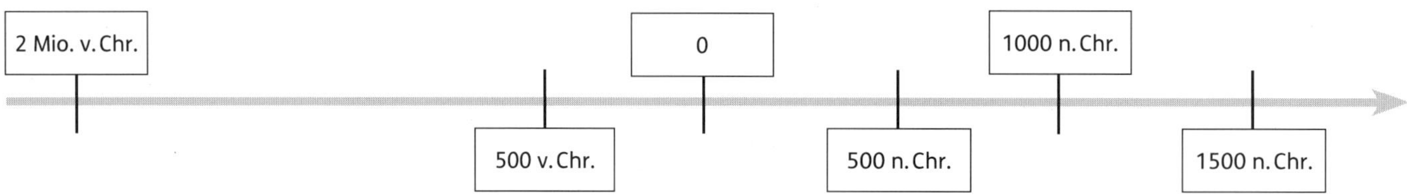

Aufgabe 4

Je länger ein Ereignis in der Vergangenheit liegt, desto weniger Quellen und Aufzeichnungen haben wir darüber. Während heute alles auf Fotos, Videos und auf anderen Wegen gespeichert wird, wurden Ereignisse früher meist nur mündlich weitergegeben. Eine schriftliche Aufzeichnung begann frühestens in der Antike und auch dort nur für wichtige Persönlichkeiten. Alles, was davor passierte, können wir nur über archäologische Funde und wissenschaftliche Theorien herleiten.

Vor- und Frühgeschichte

Die Entwicklung des Menschen

Aufgabe 3

aufrechter Gang, komplexe Werkzeuge, Feuer, die Jagd, Sprache

Aufgabe 4a

Ausgehend von Süd-Ost-Afrika verbreiteten sich die ersten Menschen zunächst über die Arabische Halbinsel Richtung Europa, Zentralasien und dem heutigen Russland. Von hier aus gelang ihnen dann der Weg über die Beringstraße nach Nord- und Südamerika und sogar bis Australien.

Aufgabe 4b

Auf der Suche nach ausreichend Nahrung war der Mensch immer wieder gezwungen, weitere Stecken zurückzulegen. Einen weiteren Einfluss hatten die klimatischen Bedingungen der jeweiligen Lebensräume. Große Hitze und Trockenheit oder eine Eiszeit in Nordeuropa zwangen den Menschen immer wieder, seinen Lebensraum zu wechseln oder zu erweitern. Dabei half die Eiszeit aber auch, Wege über gefrorene Meere zu beschreiten. Kurze Strecken konnten auch schon mit einfachen Booten zurückgelegt werden.

Lösungen

Werkzeuge und Waffen

Aufgabe 3:
Die ersten Werkzeuge bestanden vor allem aus Holz, zurechtgehauenen Steinen oder den Knochen und Sehnen erlegter Tiere.

Aufgabe 4:
Je nach Größe des Beutetieres konnte die Jagd schnell lebensgefährlich für die Jäger der Steinzeit werden. Wurde ein Tier verfehlt oder nicht schnell genug zu Fall gebracht, konnte es angreifen und die Jäger schwer verletzen. Das Jagen aus sicherem Abstand war mit den einfachen Waffen noch nicht möglich. Hinzu kam immer die Gefahr durch tierische Jäger wie Wölfe, Bären oder Löwen.

Aufgabe 5:
Auch wenn sie sich optisch stark von unseren modernen Werkzeugen unterscheiden, sind die Grundfunktionen von steinzeitlichen Äxten, Hämmern und Messern bis heute erhalten geblieben. Auch Nähnadeln und Harpunen mit Widerhaken sind heute noch in Gebrauch. Während die Menschen der Steinzeit eine sehr eingeschränkte Auswahl an Materialien zur Verfügung hatten, werden heute jedoch moderne, stabilere Materialien verwendet.

Tiere der Steinzeit

Aufgabe 3:
Die Knochen erlegter Tiere konnten für die Herstellung von Waffen und Werkzeuge oder den Bau von Zelten und Unterkünften verwendet werden. Aus dem Fell stellte man vor allem Kleidung, aber auch Decken und Dächer her. Sehnen waren sehr strapazierfähig und konnten ebenfalls der Herstellung von Waffen und Werkzeugen dienen oder wurden zu Seilen gedreht.

Aufgabe 4:
Da die einfachen Waffen oft nur wenig Schaden anrichteten, hoben die Jäger eine tiefe Grube aus, präparierten diese mit angespitzten Holzpfählen und deckten sie mit dünnen Zweigen, Laub und Gräsern ab. Nun wurde das Beutetier durch die Jäger aufgeschreckt und in Richtung der Grube getrieben, in die es hineinfiel und dort leichter erlegt werden konnte.

Aufgabe 5:
Für das Aussterben von Tieren gibt es verschiedene Ursachen. Einige fielen den klimatischen Bedingungen zum Opfer, andere unterlagen einem stärkeren Konkurrenten und wieder andere wurden durch den Menschen ausgerottet. Tiere, die sich gut den Veränderungen, Gefahren und Besonderheiten ihres Lebensraumes anpassen können, haben eine höhere Chance zu überleben als andere. Auch die Zucht durch den Menschen kann eine Tierart erhalten.

Das alte Ägypten

Der Pharao

Aufgabe 3:
Doppelkrone oder Tuch (Nemes); Bart; Zepter; geschminkte Augen; Perücke

Aufgabe 4:
Bis zur Fertigstellung einer monumentalen Grabstätte wie den Pyramiden oder der Sphinx, vergingen oft mehrere Jahrzehnte. So musste möglichst früh mit der Planung und dem Bau begonnen werden, um auch wirklich bis zum Ableben des jeweiligen Herrschers fertig zu sein. Viele Pharaonen begannen daher den Bau ihrer Grabstätte spätestens mit ihrer Krönung oder nutzten bereits vorhandene Grabstätten ihrer Vorgänger.

Aufgabe 5:
Pharaonen wurden in der Regel aufwendig bestattet. Dazu gehörte auch die Beigabe von großen Schätzen und verschiedener Gegenstände, die der Pharao in der nächsten Welt gebrauchen konnte. Einige Pharaonen ließen sich sogar mit ihren Haustieren oder einem Streitwagen bestatten. Schon zur Zeit des alten Ägypten lockten diese wertvollen Beigaben Grabräuber an. Daher wurden viele Grabstätten aufwendig mit Labyrinthen, dicken Mauern und Fallen geschützt. Teilweise wurden sogar „falsche" Grabkammern gebaut, um Diebe von der eigentlichen abzulenken.

Der ägyptische Glaube

Aufgabe 3:
Horus (2. von rechts mit Falkenkopf)
Anubis (ganz rechts mit Kopf eines Schakals)
Chepre (Skarabäuskäfer mittig)

Lösungen

Aufgabe 4:
Tiere hatten im alten Ägypten, aber auch in anderen Kulturen, eine ganz besondere Bedeutung. Einerseits war das Überleben der frühen Menschen sehr viel mehr von den Tieren abhängig, als das bei uns der Fall ist. Andererseits konnten Tiere aber auch gefährlich werden. Auch die gute Spezialisierung einiger Tiere auf bestimmte Aufgaben beeindruckte die alten Ägypter. Tieren wurde ein besonderes Wissen unterstellt und somit auch eine besondere Verbindung zu den Göttern. Bekannte Beispiele für Götter mit tierischen Merkmalen und Fähigkeiten sind Horus (Kopf eines Falken) oder Anubis (Kopf eines Schakals).

Hieroglyphen

Aufgabe 3:
LEBEN AM NIL

Das antike Griechenland

Die griechischen Poleis

Aufgabe 4:
Die griechischen Poleis verteilten sich rund um die Ägäis und um das Mittelmeer. Als Inseln oder abgeschirmt durch Bergketten im Hinterland waren so viele ausschließlich über das Meer zu erreichen. Diese extreme Isolation führte dazu, dass sich die Griechen lange ausschließlich mit ihrem eigenen Stadtstaat identifizierten und es erst spät zum Zusammenschluss und dem Verständnis eines gemeinsamen Griechenlands kam.

Aufgabe 5:
Der Begriff Demokratie leitet sich von den griechischen Wörtern „demos" und „kratein" ab und bedeutet übersetzt „Herrschaft des Volkes". In einer Demokratie dürfen die Bürgerinnen und Bürger mitbestimmen. Dies geschieht etwa über Wahlen, Abstimmungen oder die Beteiligung an Diskussionen. Aufgabe der Politik ist es, verbindliche Regelungen für das Zusammenleben aller Bürger zu beschließen. Im Idealfall darf jede Person, die diesen Regeln unterworfen ist, sich bei der Erstellung beteiligen. Die Regeln werden von Parlamenten meist in Form von Gesetzen beschlossen. So ist eines der wichtigsten Merkmale einer Demokratie das Vorhandensein eines Parlamentes, das tatsächlich die Gesetze beschließt.

Die Götter auf dem Olymp

Aufgabe 3:
Jeder Gott in der griechischen Mythologie hatte einen bestimmten Aufgabenbereich oder besaß eine spezielle Zuständigkeit. So musste man sich ja nach Anliegen an den dafür zuständigen Gott wenden. Stand eine Seereise bevor, musste beispielsweise der Meeresgott Poseidon mit einem Opfer besänftigt werden. Wollte man eine Schlacht gewinnen, musste einem der Kriegsgott Ares zur Seite stehen. Zusätzlich zu den Hauptgöttern auf dem Olymp hatten viele Familien auch noch eigene Götter, denen regelmäßig ihre Wertschätzung in Form von Opfern gezeigt werden musste, um das Heil der Familie zu schützen.

Aufgabe 4:
Zeus → Jupiter
Hera → Juno
Ares → Mars
Aphrodite → Venus
Poseidon → Neptun

Die Olympischen Spiele

Aufgabe 3:
Trotz in den Grundzügen ähnlicher Wettkampfstätten wie Stadion und Laufbahnen unterschied sich die Durchführung der Spiele doch in weiten Teilen von unseren modernen Spielen heute. Während der Wettkampfort heute alle vier Jahre wechselt und sich weltweit verteilt, fanden die Spiele der Antike ausschließlich in den Wettkampfstätten in Olympia statt. Auch trugen die Sportler keine spezielle Sportbekleidung, sondern waren in den meisten Fällen nackt. Goldmedaillen, wie wir sie heute kennen, gab es ebenfalls noch nicht. Der Sieger erhielt einen Kranz aus den Zweigen des Ölbaumes und Steuervergünstigungen. Auch einige Disziplinen wie das Wagenrennen sind heute nicht mehr Teil olympischer Wettkämpfe.

Lösungen

Aufgabe 4:

Antike	Moderne (Auswahl)
Laufen (Stadionlauf) Boxen (Faustkampf) Diskuswurf Speerwurf Weitsprung	Basketball Fußball Badminton Karate Hockey Wintersportarten

Das Römische Reich

Erfindungen der Römer

Aufgabe 3:
Die Römer besaßen schon zahlreiche Errungenschaften, die in Europa erst Jahrhunderte später wieder entdeckt und verwendet wurden. Fußbodenheizung und gepflasterte Straßen mit Verkehrszeichen sind nur zwei Beispiele. Durch Aquädukte und Kanäle wurde Trinkwasser zu den Bewohnern hin- und über Kanalsysteme das Abwasser wieder abtransportiert. So wurde nicht nur eine Trinkwasserversorgung der wachsenden Städte sichergestellt, sondern auch ein Ausbrechen von Krankheiten effektiv verhindert. Einige der damals gebauten Systeme sind in Teilen bis heute in Betrieb.

Aufgabe 4:
Fußbodenheizung; Aquädukt; Amphitheater; Gepflasterte Straßen

Aufgabe 5:
Fußbodenheizung; Meilensteine; Wasserversorgung; gepflasterte Straße; Kalender; Stadion; Fast-Food; Thermen; Beton; Mehrfamilienhäuser

In der Legion

Aufgabe 4:
Mithilfe der großen Schilde bildeten die Legionäre einen Schilderwall, auch Schildkröte genannt. Diese geschlossene Formation schützte vor den Angriffen feindlicher Bogenschützen, Reiter und Fußsoldaten. Jeder Legionär schützte dabei nicht nur sich selbst, sondern auch die Männer links und rechts von sich. Angreifer wurden mithilfe von Speeren oder den Kurzschwertern der Legionäre aus der Formation heraus angegriffen und so zurückgedrängt.

Die Sprache der Römer

Aufgabe 3:
Arma → Waffen / Armee
Caesar → Kaiser
Cista → Kiste
Corbis → Korb
Caseus → Käse
Hospitale → Hospital (Krankenhaus)
Luxuria → Luxus
Moneta → Moneten / Münzen (Geld)
Numerus → Nummer / Zahl
Pilula → Pille (Tablette)

Aufgabe 4:
Viele Germanen und andere Völker profitierten von den Produkten und dem technischen Wissen der Römer. Da es jedoch in ihrer Sprache noch keine Wörter für die jeweiligen Dinge gab, übernahmen sie einfach die lateinischen Bezeichnungen in ihren eigenen Sprachgebrauch.

Lösungen

Römer und Barbaren

Aufgabe 3:
Als Barbaren bezeichneten die Römer alle Stämme oder Völker, die nicht nach Vorbild der griechischen oder römischen Kultur lebten. Die meisten Völker, auf die diese Bezeichnung zutraf, lebten im Norden und Osten Europas wie dem heutigen Polen, Deutschland oder Skandinavien. Viele dieser Völker verbreiteten sich im Rahmen der großen Völkerwanderung aber auch im Südwesten des Kontinents und drangen über die Grenzen des Römischen Reiches bis nach Spanien vor.

Aufgabe 4:
Den Römern war ihre Kultur und Bildung äußerst wichtig. Daher versuchten sie sich nachhaltig von „barbarischen" Völkern, die noch in den Wäldern oder in Holzhütten lebten, abzugrenzen. Um vor allem Überfällen und Plünderungen vorzubeugen, errichteten sie schützende Bauwerke wie den Limes in Mitteleuropa oder den Hadrianswall in Britannien.

Aufgabe 5:
Um sich vor den „Barbaren" zu schützen, errichteten die Römer schützende Bauwerke wie den Limes in Mitteleuropa oder den Hadrianswall in Britannien. Diese Barrieren wurden zusätzlich durch Kastelle und die dort stationierten Soldaten bewacht. In den zahlreichen Provinzen des Römischen Reiches wurde zudem versucht, die römische Kultur zu verbreiten. So wurden flächendeckend römische Statthalter eingesetzt, Soldaten stationiert und Latein als Amtssprache eingeführt.

Das Mittelalter

Leben im Mittelalter

Aufgabe 3:
Der größte Teil der mittelalterlichen Bevölkerung lebte als einfache Bauern oder Handwerker auf dem Land. Hier bestellten sie ihre Felder und kümmerten sich um das Vieh. Der Alltag der meist unfreien Bauern war größtenteils von harter Arbeit geprägt. Diese mussten neben Abgaben auch sogenannte Frondienste für ihre Herren und Landverpächter leisten. Nur ein kleiner Teil der Bevölkerung gehörte dem Stand des Adels an und stand über den Bauern. Ein weiterer kleiner Teil der Bevölkerung stand beispielsweise als Mönche im Dienst der Kirche und lebte im Kloster. Auch hier gab es feste Tagesabläufe streng nach dem Grundsatz „ora et labora" (Bete und arbeite).

Aufgabe 4:
Neben oftmals verlustreichen Kriegen, unter denen in der Regel vor allem die Landbevölkerung leiden musste, waren Krankheiten und eine hohe Kindersterblichkeit die größten Gefahren für die mittelalterliche Bevölkerung. Neben fehlendem medizinischen Wissen und teils kuriosen Heilmethoden sorgte vor allem die fehlende Hygiene dafür, dass Krankheiten wie die Pest sich schnell verbreiteten und in der Regel tödlich endeten. Hinzu kamen Mangelernährung und Hungersnöte in Folge von Ernteausfällen, die vor allem die Überlebenschance von Kleinkindern deutlich verringerte.

Gesellschaft im Mittelalter

Aufgabe 3:
oben: König
1. Stand: Klerus (Bischöfe, Priester und Mönche)
2. Stand: Adel (Grafen, Fürsten, Ritter)
3. Stand: Bauern (Bauern, Handwerker und Tagelöhner)

Aufgabe 4:
Die mittelalterliche Ständeordnung galt als von Gott vorgegeben und damit als unumstößlich. Eigenschaften wie beispielsweise Herkunft, Beruf und Bildung waren meist durch den Stand, in den ein Kind hineingeboren wurde, vorgegeben. So wurde aus dem Sohn eines unfreien Bauern fast immer auch ein unfreier Bauer, während Adelige in der Regel die Ämter und Titel ihrer Väter übernahmen. Aufstiegsmöglichkeiten waren dabei die große Ausnahme. Nur der Stand des Klerus musste sich mangels eigener Nachkommen immer wieder aus den anderen Ständen erneuern.

Aufgabe 5a:
Grund und Boden gehörten im Mittelalter zum größten Teil den weltlichen und geistlichen Grundherren. Diese verliehen es an meist unfreie Bauern, die das Land und die darauf liegenden Höfe bewirtschafteten.

Aufgabe 5b:
Als Gegenleistung für das ihnen vom Grundherren verpachtete Land mussten die Bauern hohe Abgaben bezahlen und konnten zu Fron- und Kriegsdiensten verpflichtet werden.

Lösungen

Das Jahr eines Bauern

Aufgabe 3:
Ein Leben als Bauer bedeutete im Mittelalter vor allem harte Arbeit. Bei den zahlreichen Aufgaben, die auf dem Hof und den Feldern erledigt werden mussten, war meist die gesamte Familie gefordert. Neben der Versorgung der Tiere übernahmen die Bauern auch alle handwerklichen Aufgaben an Haus und Hof sowie die Erziehung und Versorgung der eigenen Familie. Der größte Teil der Arbeit fiel jedoch auf dem Feld an. Dieses musste bestellt, gepflügt, gesät, gepflegt und geerntet werden. Ohne den Einsatz moderner Maschinen erforderte dies höchste körperliche Anstrengung und viel Zeit. Auch die Weiterverarbeitung der geernteten Feldfrüchte oder die Pflege der Obstbäume und Weinreben gehörte zum alltäglichen Arbeitspensum.

Aufgabe 4:
Die Arbeit der Bauern war stark abhängig von den Jahreszeiten. Eigentlich gab es immer etwas zu tun. Besonders in der Erntezeit musste von Sonnenaufgang bis Sonnenuntergang auf den Feldern gearbeitet werden. Allein im Januar, wenn es zu kalt zur Feldarbeit war, konnten es die Bauern etwas ruhiger angehen lassen und die Früchte ihrer Arbeit genießen.

Aufgabe 5:
Der Begriff Selbstversorger meint, dass die Bauern und ihre Familien fast alles, was sie zum Leben benötigten, selbst anbauten oder herstellten. Neben Feldfrüchten, tierischen Produkten schloss dies auch handwerkliche Arbeiten an Haus und Hof sowie die Herstellung einfacher Werkzeuge, Möbelstücke und Kleidung ein. Nur selten besuchten die Bauern die Städte oder größeren Orte, um dort dringend benötigte Dinge von spezialisierten Handwerkern zu erwerben.

Auf der Burg

Aufgabe 3:

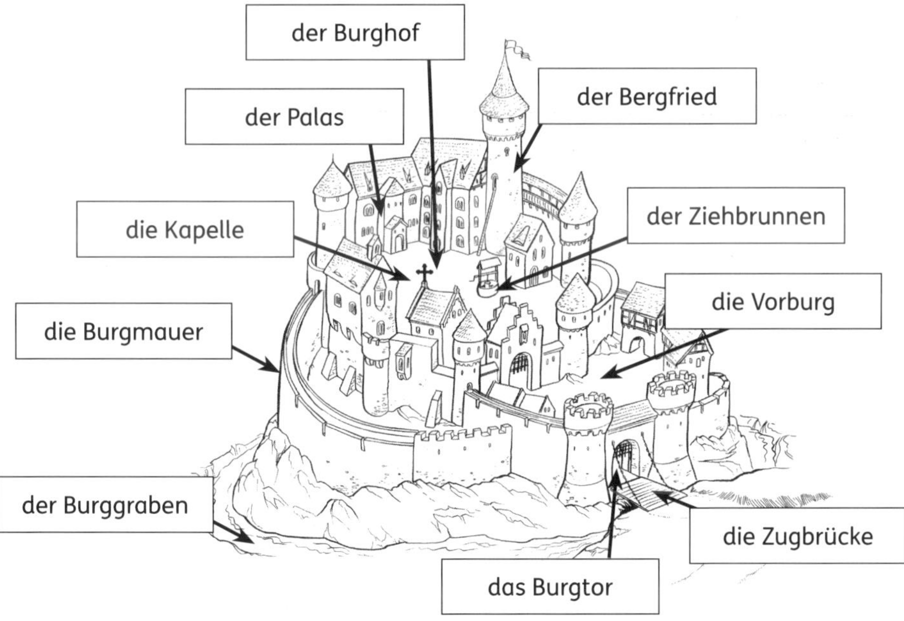

Aufgabe 4:
Die Hauptaufgabe einer Burg war ihre Verteidigung und der Schutz der dort lebenden Menschen. Hierfür hatte jede Burg spezielle Verteidigungsanlagen und Pläne für den Fall einer feindlichen Belagerung. Um Angreifer möglichst früh zu entdecken, hatte jede Burg einen hohen Turm, den Bergfried. Um überhaupt an die eigentliche Burg heranzukommen, mussten Angreifer in der Regel zuerst einen Burggraben überwinden. Dieser war jedoch nicht immer mit Wasser gefüllt, sondern diente auch Bogenschützen dazu, Angreifer leichter ins Visier nehmen zu können. Die gesamte Burganlage war in der Regel von einer oder sogar mehreren hohen Burgmauern umgeben. Versuchten Angreifer hier hinaufzuklettern, konnten sie von den auf der Mauer stehenden Verteidigern mit Steinen, heißem Pech oder anderem beworfen werden. Das eigentliche Burgtor ließ sich hochziehen oder mit einem schweren Eisengitter verriegeln, um auch hier ein Vordringen zu verhindern.
Für den Fall eines Eindringens konnte sich der Burgherr meist noch in den Bergfried retten und auf Hilfe hoffen.

Lösungen

Städteboom

Aufgabe 3:

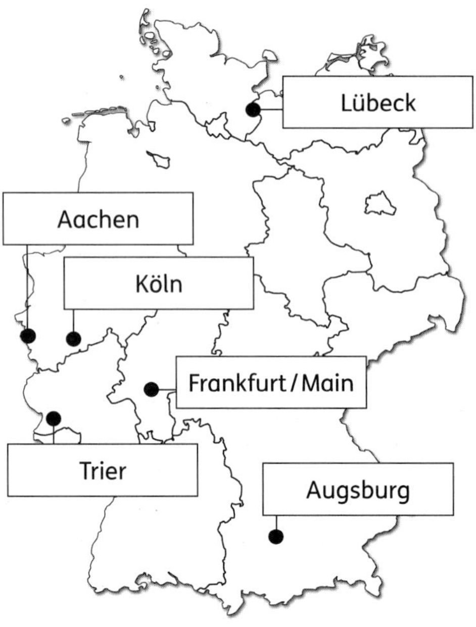

Aufgabe 4:
Eine Stadt mit etwa 20 000 Einwohnern ist heute keine Ausnahme mehr und gilt eher als Kleinstadt. Mit einer Einwohnerzahl von über einer Millionen sind heutige deutsche Großstädte wie Berlin oder Hamburg deutlich größer. Allein die Metropole London hat mit heute knapp über 8 Millionen Menschen fast so viele Einwohner wie Deutschland im Mittelalter.

Aufgabe 5:
Köln war bereits zur Zeit der Römer unter dem Namen „Colonia Agrippina" die größte europäische Stadt nördlich der Alpen. Diesen Vorsprung sowie die bereits vohandene Infrastruktur konnte die Metropole am Rhein im Mittelalter weiter ausbauen und machte sie zum wichtigsten Handelsplatz des Reiches und als Bischofssitz auch zum religiösen Zentrum.

Zünftige Berufe

Aufgabe 3:
Auswahl: Müller; Fischer, Köhler; Bauer; Zimmermann